T0166141

COLLECTION DIRIGÉE PAR
PATRICK SMETS

PARUS

PASCAL SALIN,
**LIBÉRONS-NOUS !**

CÉDRIC PARREN,
**LE SILENCE DE LA LOI**

FRANÇOIS MONTI,
**PROHIBITIONS**

BENOÎT MALBRANQUE,
**D'OR ET DE PAPIER**

EMMANUEL MARTIN,
**L'ARGENT DES AUTRES**

H16,
**PETIT TRAITÉ D'ANTI-ÉCOLOGIE**

À PARAÎTRE

DRIEU GODEFRIDI,
**LA LOI DU GENRE**

COPEAU,
**LES RENTIERS DE LA GLOIRE**

# D R A I

# SELF-SÉCURITÉ

## LE RETOUR DE L'INDIVIDU

## DANS LA SÉCURITÉ

LES BELLES LETTRES

2015

*www.lesbelleslettres.com*

*Retrouvez Les Belles Lettres
sur Facebook et Twitter.*

© *2015, Société d'édition Les Belles Lettres
95 bd Raspail 75006 Paris.*

*ISBN : 978-2-251-60703-0*

C'est avec effarement que je lis dans la presse, en avril 2014, qu'une jeune femme s'est longuement fait agresser sexuellement dans le métro lillois par un homme alcoolisé devant témoins et que personne n'a bougé ; qu'elle a dû sortir du métro poursuivie par son agresseur et qu'un automobiliste qui intervenait a été aussitôt pris à partie. Cet acte seul justifierait d'écrire ce petit livre ! Pour reprendre la déclaration du procureur : « Il est là, l'effroi d'aujourd'hui... Se dire que dans notre société on ne pourra pas compter sur la collectivité[1]. » De cette affaire, il ne reste pas grand-chose, l'enquête pour non-assistance à personne

---

1. « Agression dans le métro de Lille : personne ne m'a aidée », *Le Figaro*, 25 avril 2014.

en danger a été classée sans suite[2] ; quant à l'agresseur, il a écopé de dix-huit mois de prison ferme.

Malheureusement, ce livre ne peut être vu comme une réaction à ce seul incident, qu'on aimerait croire unique. En fait, ma génération a grandi avec les premières affaires de viol dans les trains, dans une société française que progressivement on a voulu comparer à New York dans ses pires heures. La réalité est qu'aujourd'hui le taux de criminalité aux États-Unis est plus bas qu'en France et en Europe. Si les Américains y sont arrivés, pourquoi pas nous ? Il est grand temps de « se prêter main-forte » !

---

2. « Agression sexuelle dans le métro de Lille : l'enquête pour non-assistance à personne en danger classée sans suite », *La Voix du Nord*, 29 juillet 2014.

# INTRODUCTION

## La délinquance

*Le sens des mots*

« La sécurité est l'affaire de tous. » Quelle que soit la façon dont on regarde, victimes, simples passants, flics ou voyous, ce sont des hommes, des femmes, des enfants de tous âges, toutes origines, toutes classes sociales ou orientations sexuelles. Le visage de la violence et de la réponse qu'on y apporte est le mien, le vôtre, celui de tout un chacun. Le crime émane, réside et opère dans la société dont il est l'un des miroirs. Aussi, réduire le traitement de la sécurité à la seule question : « Mais que fait la police ? », c'est-à-dire au binôme antinomique malfaiteur/policier, revient à supprimer la société de l'équation. En d'autres termes, à résilier la part du contrat social échue à l'individu.

Quelle est cette part dans les faits ? Tout au long de cet ouvrage nous explorerons ensemble le juste rôle de l'individu dans la sécurité, mais pour l'heure, attardons-nous sur le sens des mots en guise de cadrage.

« La sécurité est l'affaire de tous », entendons-nous régulièrement. Voilà une première indication importante ! Littéralement la sécurité est donc « à faire par tous » puisque telle est l'étymologie du mot « affaire ». Loin d'être un slogan creux, cette phrase est un rappel à l'obligation citoyenne dans la vie en société. Elle est l'une des conditions de la citoyenneté. À telle enseigne qu'en contrepoint de ce rappel le discours public ambiant a retenu le terme de « démission » ; celle des instituteurs, des parents, des citoyens de façon générale.

Évidemment, parler de « démission » suppose en premier lieu une « mission », un ensemble d'actions préalablement confiées. Dans la discussion qui nous intéresse, cette mission est exprimée par le contrat social dans sa formulation la plus emblématique de « monopole [par l'État][3] de la violence physique

---

3. Expression de Max Weber dans *Politik als Beruf* (1919), traduit en français dans *Le savant*

légitime ». En dépit des apparences, cette phrase n'exclut en rien l'utilisation d'une « force légitime » par d'autres acteurs (la population, le secteur privé) que l'État, sans quoi la légitime défense et les vigiles de supermarchés ne pourraient exister. La phrase implique simplement que la « force légitime » est autorisée, déléguée et définie par l'État qui la détient. Au cœur du contrat social se situe donc l'action de l'individu pour sa sécurité. Tout au long de cet ouvrage, nous verrons comment l'individu peut « remplir sa part du contrat social ».

Que se passe-t-il lorsque l'individu, ou la société au sens large, cesse d'assumer son rôle ? Là encore, l'éloquence des mots suffit à répondre. La « délinquance », grande ou petite, qui s'invite à la première page des journaux et dont on discute tant en se demandant si les pouvoirs publics devraient durcir le bâton ou allonger la carotte est en fait la nôtre ! La « délinquance » a pour apparenté étymologique « ce qu'on laisse couler »,

---

*et le politique*, éd. J. Freund, Paris, Plon, coll. « 10/18 », 1959 : « *Monopol legitimer physischer Gewaltsamkeit* ».

« ce qu'on laisse faire ». Il s'agit moins de juger ce que font les autres que d'évaluer ce qui n'est pas fait. Renier sa part du contrat social, ne pas remplir sa propre obligation de sécurité, revient à laisser le champ libre à celles et ceux qui se mettent « hors la loi ».

### *Biomécanique et « effet témoin »*

Pour autant que la responsabilité de l'individu soit de veiller à sa propre sûreté et à celle de tous, il n'en demeure pas moins que face à des agresseurs potentiels ou confrontés à une situation tendue, peu se sentent l'âme de héros et moins encore capables d'agir de manière décisive. Les mécanismes de sauvegarde de l'individu (l'évitement du danger, la fuite) sont parfaitement naturels et nul ne saurait souffrir du reproche d'avoir peur. Cependant, pour tous les cas où la fuite n'est pas légitime, il convient de s'interroger sur l'attitude que l'on a. Là encore, le langage est riche d'expressions qui révèlent les attitudes.

N'entendons-nous pas souvent qu'il ne faut pas « chercher les ennuis », en anglais ne pas *look for troubles*,

« chercher du regard les ennuis »[4] ? Dans cette expression, le regard joue un rôle important, le même rôle que lorsqu'on « détourne le regard » pour ne pas voir un acte de délinquance. Mais de « détourner le regard » à « baisser les yeux », il n'y a qu'un quart de millimètre ! Détourner le regard, c'est déjà se soumettre à un régime hors la loi.

Parallèlement, celui ou celle qui, sans chercher les ennuis, constate un problème est souvent comme indécis, ne sachant pas quoi faire, attendant que quelqu'un d'autre agisse. Cette attitude a été observée de nombreuses fois, notamment lors du meurtre de Kitty Genovese en 1964 où, malgré de nombreux témoins, personne n'est intervenu. Les recherches sur le comportement, depuis ce meurtre, ont mis en avant le phénomène de « l'effet témoin », où chacun des témoins « annule » la capacité de l'autre à agir. Comme la peur, ce phénomène est constitutif de notre humanité. Nous attendons qu'une personne plus responsable ou plus qualifiée « prenne

---

4. Le mot « troubles » en français conserve encore un sens lié à la sécurité ; les *troubles* du voisinage ou à l'ordre public, des *troubles* opposent la faction X et la faction Y, etc.

les devants », occupe « le devant de la scène [du crime] ».

Mon propos ne s'inscrit pas contre la biologie. Ignorer les limites naturelles de la personne revient à rêver une utopie malsaine. Pour autant, s'il ne faut pas chercher les ennuis inutiles, il ne faut pas non plus être laxiste – terme dont l'apparenté étymologique est « lâche ». Aussi convient-il de savoir que « l'effet témoin » est amoindri dès lors que l'on en connaît l'existence ; ce qui pourrait se traduire par : « Cette indécision que je ressens est normale, elle est liée à la présence d'autres personnes. » Cette pensée libère l'esprit pour se poser deux questions : « Sinon moi, qui ? Sinon maintenant, quand[5] ? » Quant à l'impératif d'auto-préservation qui nous habite, il trouve sa mesure naturelle dans la situation telle qu'elle se présente. Dès lors qu'il faut agir, le juste geste (d'ameuter les voisins, d'appeler la police ou d'intervenir) se fait seul. Quitte à baisser les yeux, autant que ce soit pour composer le numéro de

---

5. Cette formule, modifiée par le temps, est originellement attribuée à Hillel l'Ancien (Ier siècle avant J.-C.).

la police, quitte à reculer, autant que ce soit pour aller chercher du renfort. À chacun d'agir selon ses moyens[6]. Pour citer le Talmud, « celui qui sauve une vie sauve l'humanité entière ». Dans la perspective qui nous intéresse, l'humanité s'entend comme cet espace commun que l'on décrit comme société, par le contrat social. Incidemment, le terme d'humanité s'entend également dans son sens littéral : ce qui nous rend humains, ce qui fait que nous sommes des animaux sociaux. La part du contrat est remplie !

### Ratios malheureux

*A contrario*, le binôme malfaiteur/ policier, pris dans sa plus simple expression, relève de l'évaluation mathématique. Grossièrement et sans compter les services des douanes ou des gardes champêtres, la France compte 144 000 policiers, 98 000 gendarmes, 18 000 policiers municipaux et 11 000 adjoints de sécurité, soit 271 000 représentants des « forces de

---

6. À titre d'exemple, il y a dans mon répertoire de téléphone portable une section « Urgences » : U-Police, U-Pompier, U-SAMU, U-SAMU social, U-Gaz, U-Personne à contacter, U-Cardstop.

l'ordre ». La population française étant légèrement inférieure à 66 millions, cela représente un ratio de 1/243, soit ±0,4 % de la population du pays. « Il faut plus de police », dit-on, c'est déjà le taux le plus élevé d'Europe !

Avec deux policiers pour cinq cents personnes, il faut espérer qu'il n'y ait pas plus de deux malfaiteurs (toutes catégories confondues) parmi les cinq cents personnes, sinon on compterait plus de malfaiteurs que de policiers ! Évidemment, les malfaiteurs n'ayant pas de carte de membre, il est difficile de les comptabiliser. La France compte actuellement un peu moins de 69 000 détenus et 100 000 peines de prison sont en attente d'exécution (avec le risque de double comptage, un condamné ayant pu commettre plusieurs délits). Environ 300 bandes existent dans le pays dont une cinquantaine en région parisienne et on dénombre 750 zones urbaines sensibles (les fameux « quartiers » ou « cités » ou les médiatico-mythiques « zones de non-droit »). Précisons toutefois que résider dans une ZUS ne fait pas le criminel, puisque ce choix est individuel. En revanche, les ZUS englobent une population d'environ 4 millions de personnes. Si seulement 0,5 % des habitants y adoptait un comportement criminel, cela ferait 20 000 personnes. Le ratio de 0,5 % rapporté à la France entière donnerait, quant à lui, 330 000 criminels.

On pourrait penser que la police, étant mieux équipée et mieux organisée, n'a pas besoin d'être aussi nombreuse que le milieu mais c'est sans compter le professionnalisme de ce dernier. Les malfaiteurs peuvent être asociaux ou inadaptés, ils ne sont pas stupides ! Eux aussi s'organisent et s'équipent en fonction.

Nous explorerons le thème du soutien de la population au travail de la police plus en détail dans cet ouvrage. Dans l'immédiat résumons simplement que sans l'appui actif de la population, le travail de la police est dangereusement compromis. Le problème n'est pas d'avoir « plus de police », mais « plus de société » !

## Le schéma de la sécurité

*Trois acteurs et demi,*
*sept interactions*

Pour les besoins de cet ouvrage, nous avons décomposé la société en trois acteurs et demi : 1) la communauté (ou la population, la « société civile » comme on aime à l'appeler aujourd'hui), dont l'individu, par son autonomie et sa capacité d'action constitue un sous-ensemble (c'est le demi-acteur) ; 2) la puissance publique (police, gendarmerie, etc.) à laquelle les rôles de sécurité, sûreté et secours sont généralement dévolus et 3) le secteur privé de la sécurité (les entreprises de gardiennage, de protection physique des personnes, de transport de fonds, ainsi que l'ensemble des entreprises remplissant des missions de sécurité au sens large du terme pour le compte de la puissance publique).

De ces acteurs naissent sept actions ou interactions : 1) l'individu seul ; 2) la communauté seule ; 3) la communauté et la puissance publique ; 4) la puissance publique seule ; 5) la puissance publique et le secteur privé ; 6) le secteur privé seul ; 7) le secteur privé et la communauté.

L'ensemble de ces interactions constitue ce que nous appelons, à la suite d'autres chercheurs, la résilience de la société aux chocs internes et externes. Les termes *community policing* et « pâquisation » feront l'objet d'une explication dans leurs sections respectives. La relation

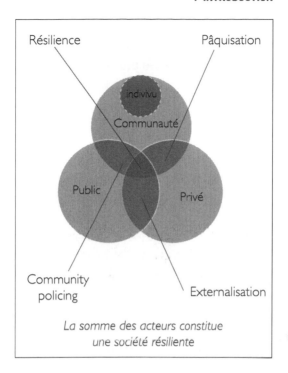

Résilience   Pâquisation

indivivu
Communauté

Public   Privé

Community
policing   Externalisation

*La somme des acteurs constitue
une société résiliente*

entre le secteur public et le secteur privé,
l'externalisation, sort du champ de cet
ouvrage et ne sera donc pas abordée.

*Moins de population, plus d'État*

Nous partons du principe théorique
que la société dans son ensemble repose
sur un équilibre entre les trois grandes
sources de sécurité : la communauté, la

17

puissance publique et le secteur privé de la sécurité. À l'heure actuelle, en France, la puissance publique repose sur un peu plus de 270 000 personnes (hors armée), le secteur privé compte environ 200 000 personnes et la population active en matière de sécurité est une quantité inconnue, mais non négligeable !

À mesure que la population renonce à son engagement contractuel en matière de sécurité, ce sont aux deux autres acteurs de remplir ce vide. Un vide rempli de façon quantitative autant que de façon qualitative. Pour chaque nouvelle mission effectuée par l'un ou l'autre acteur, ce sont des moyens nouveaux et un cadre légal adapté qui se développent. À terme, il est facile d'imaginer une société dans laquelle la population aurait entièrement abdiqué ses prérogatives en matière de sécurité. Cette dystopie est bien connue et porte un nom : « tous fliqués ». Un nom péjoratif tant il évoque avec justesse l'essence du totalitarisme. Mais peut-on réellement en vouloir à l'État d'étendre le champ de son action en rognant progressivement sur la liberté individuelle lorsque la liberté individuelle n'est plus défendue par les citoyens ? En ce sens, le contrat social n'est pas différent des autres contrats, le briser implique des pénalités. Dans le cas d'espèce, des pénalités financières (accroissement de l'impôt), mais aussi et surtout une perte de liberté.

## De l'insouciance à la bunkérisation

Au lendemain des attentats du 11 septembre 2001, une Amérique traumatisée par la menace du terrorisme se lance dans un programme « tout sécurité » majeur. Parmi les innombrables dispositions qui sont prises, figurent des mesures aussi diverses que l'installation de plots devant les aéroports, la mise en œuvre des « frontières intelligentes », l'initiative de contrôle des conteneurs maritimes, etc. Deux séries de mesures échappent à l'attention des observateurs, celles touchant à la sécurité de la chaîne alimentaire et celles touchant aux normes architecturales. Les premières visent à s'assurer que nul ne puisse empoisonner la population américaine, les secondes visent à renforcer les immeubles, en prévoyant, par exemple, de remonter les gaines d'aération afin qu'il soit impossible de répandre des gaz toxiques dans l'air conditionné. Ces mesures s'accompagnent de vastes projets de mobilisation de la société pour créer un corps complémentaire de secouristes et d'urgentistes. Toutes catégories confondues, l'ensemble des mesures a pour fonction de sécuriser l'Amérique, d'assurer sa résistance aux chocs (sa résilience). Le terme « bunkérisation » est né. Tout en tout lieu est marqué du sceau de la sécurité.

Cette logique de mobilisation quasi permanente se retrouve dans l'initiative d'une « députation » de la population entière d'un comté via Facebook. C'est également, à moindre échelle, celle qui point dans la société contemporaine française : le renforcement permanent des structures. En France comme aux États-Unis, la question de l'équilibre entre la protection et l'*open society* se pose de façon criante.

*A contrario*, l'époque où on laissait la clef de contact sur le démarreur sans même penser à fermer la voiture semble bien loin. Dans la série télévisée *Friends*, quand il s'est agi pour les protagonistes de trouver une maison dans une banlieue tranquille où les enfants pourraient faire du vélo sur la chaussée, c'est sur un ton interro-comique qu'on leur demanda s'ils se croyaient en 1950. Tout cela nous renvoie vers les cartes postales et photographies jaunies sur lesquelles les commerçants, installés au perron de leur magasin papotent entre eux et connaissent tout le monde. Une époque où le cri « Au voleur ! » rameutait tout un quartier, commerçants en tête, pour appréhender l'auteur du vol. Une époque où se promener seul le soir n'était pas considéré comme un acte dangereux (ce que c'était pourtant tout autant que maintenant, c'est juste une question de perception).

La bunkérisation d'un côté et l'insouciance, la quiétude de l'autre sont les deux extrêmes de logiques apparemment irréconciliables. Chacune, en fait, dit quelque chose sur la perception de la nature humaine. Méfiance pour les uns, confiance pour les autres. Aujourd'hui, la méfiance prévaut. L'idée que l'on se fait de la sécurité est le cœur de la forme du contrat social. Et ce, de manière quasi juridique ! Confiance, défiance, méfiance, littéralement, avec foi, sans foi, mauvaise foi. Pense-t-on que l'homme est de bonne ou de mauvaise foi ? En intelligence économique, on ne répond

pas à cette question, le motto est : « Ni
naïf, ni paranoïaque. » Tout est question
de juste milieu.

# L'INDIVIDU ET LA COMMUNAUTÉ FACE À LA SÉCURITÉ

## On n'attend pas toujours l'État

L'état d'esprit qui voudrait opposer la police à la délinquance est d'autant plus étonnant que dans certains domaines les particuliers s'organisent de façon parfaitement autonome.

*L'habitation*
En matière d'habitation et de protection de cette dernière, tout relève presque entièrement de la responsabilité du particulier (à l'exclusion du cas particulier des « opérations tranquillité vacances »). Ainsi, en matière de prévention et d'intervention, tous les immeubles ou presque sont équipés de digicodes ou de clefs électroniques, l'offre de blindage de portes et fenêtres ainsi que de serrures renforcées ne faiblit pas, les alarmes sont disponibles dans tous les magasins de bricolage, nombre de particuliers font appel à des sociétés de sécurité privée et d'autres encore n'hésitent pas à installer des coffres-forts dans leur domicile.

Dans certains halls d'immeubles à Bruxelles, des pancartes listent diverses recommandations à l'endroit des habitants. Elles rappellent certaines consignes élémentaires de sécurité et appellent à la vigilance. Afin d'éviter la présence de SDF (que l'imaginaire collectif associe volontiers à l'insécurité), la RATP a depuis longtemps mis en place un mobilier anti-SDF, une tendance désormais largement reprise par les architectes d'immeubles de rapport (obstacles de toutes natures empêchant de s'asseoir ou de s'allonger, inclinaison des plans, etc.).

Poussés par la crainte d'un cambriolage et fortement encouragés par les assureurs, les particuliers ont conscience que pour protéger leur domicile, mieux vaut prendre les devants plutôt que de dépendre de la protection de la police. On les comprend, la police a par ailleurs fort à faire partout sur l'ensemble du territoire et les cambriolages représentent un problème majeur.

L'alternative à la protection du domicile par le particulier serait d'avoir un policier devant chaque maison, ce qui fait froid dans le dos pour d'autres raisons. Notons, cependant, avec ironie que les particuliers utilisent un « gendarme[7] » pour barrer l'entrée de la maison… C'est dire combien l'idée de protection est attachée à la puissance publique !

*Cyber-protection*

En ce qui concerne la sécurité informatique, les particuliers comptent sur eux-mêmes et bien peu imagineraient des « opérations tranquillité informatique » où la police surveillerait leurs ordinateurs. Qu'il s'agisse de se protéger contre des virus, des spams, des malwares, du phishing et autres indélicatesses, la protection de l'ordinateur relève entièrement du particulier. Ainsi, il incombe aux particuliers d'entretenir leurs ordinateurs (par le biais de mises à jour), de les protéger (antivirus, etc.) et d'être attentifs à leurs pérégrinations numériques (listes blanches, etc.).

Le domaine informatique est d'autant plus sensible qu'il touche au respect de la vie privée. Ainsi, si la puissance publique interdit bien certains contenus, elle inscrit son action au point de contact entre le privé et le public, là où l'affaire Snowden et autres

---

7. Un loquet maintenant la porte entrebâillée.

pressent douloureusement la conscience collective. Il apparaît qu'en pratique tout comme dans l'esprit de beaucoup, la protection des ordinateurs personnels n'est pas du ressort de la puissance publique.

### *Code de la route*

Enfin, la conduite donne un excellent exemple de résolution de conflit entre particuliers sans l'intervention de la puissance publique. En effet, dans le cas d'un accident de la route sans gravité, l'ensemble de la séquence peut se dérouler en totale absence de la police et, dans une certaine mesure, de la justice.

Pourvu que l'on reste dans le cadre d'un constat amiable – sans délit de fuite ou prise à partie –, alors les particuliers constatent l'accident, remplissent le constat, si besoin font appel à une dépanneuse et repartent chacun de leur côté. Dans ce contexte, la résolution du différend est exécutée par les assurances sur la base des déclarations des personnes impliquées, la justice n'intervenant qu'en fin de cycle pour sanctionner l'auteur de l'infraction au code de la route.

Il ressort de ces exemples quotidiens que les particuliers, loin de s'en remettre à la police pour assurer leur protection, s'estiment parfaitement capables d'organiser leur propre défense (plus ou moins efficacement) dans les domaines qui ne sont pas perçus comme étant du ressort de l'État. Pour citer David Kryst, un « détective privé », « [la police] n'a pas vocation à enquêter dans la sphère privée, en droit commercial ou de la famille[8] ». Dans ce cadre, il apparaît que la question : « Mais que fait la police ? » est principalement vue comme opportune. Une forme de paresse intellectuelle et sociale en somme ; une volonté de demeurer dans un certain confort (intellectuel ou physique) en déléguant à la puissance publique une fonction citoyenne.

## L'individu

Un peu plus haut, j'ai parlé de l'individu comme d'un demi-acteur à l'échelle de la société. Entendons-nous, si la dimension collective échappe, par définition, à l'individu, c'est pourtant bien

---

8. « Profession détective privé : "Enquêter, oui. Espionner, non" », interview de David Kryst par Marie-Laure Combes, Europe 1, 17 avril 2014.

lui, ou plutôt c'est bien nous, vous et moi, qui constituons les pierres angulaires de la société. Du haut de nos 66 millionièmes de la souveraineté nationale, nous contemplons l'ensemble de la société. Tout comme la France n'est jamais que la somme de ses parcelles cadastrales, la nation n'est jamais que la somme de ses habitants. Enlevez l'individu et il ne reste que des symboles et de l'encre sur du papier. Être l'unité irréductible de la nation peut sembler bien peu ; c'est pourtant essentiel !

*Citoyens engagés et « au pied du mur »*
En dépit des apparences, l'individu, en matière de sécurité, est loin d'être dénué de capacités. Bien au contraire ! Par le terme « capacités » il faut entendre autant les capacités personnelles (physiques et morales) que les capacités juridiques (dont nous parlerons plus loin). Au premier chef, il est évident qu'en cas d'agression les victimes essayent de se défendre. C'est bien là la preuve que directement confrontés à une situation tendue, nous envisageons notre propre sécurité de façon individuelle et immédiate. Qu'importe, au final, si au bout du compte nous avons

choisi de nous défendre, de fuir ou de laisser l'agression se dérouler (cela relève d'un choix tactique et d'une évaluation instantanée risques/coûts, ou coups…).

La presse généraliste et Internet regorgent d'exemples où un ou plusieurs agresseurs ont été mis en déroute par celui qu'ils avaient pris pour cible. Ces articles et ces vidéos gagneraient à être plus et mieux diffusés afin de rappeler à tous que la sécurité est, avant toute autre chose, une affaire personnelle. À titre anecdotique, j'ai une certaine affection pour l'histoire d'un ami qui m'a raconté que lors d'une tentative de cambriolage chez lui il était sorti par la porte du jardin et avait chargé les trois cambrioleurs avec un sabre de décoration. Les cambrioleurs, effrayés, étaient partis. J'apprécie également l'histoire selon laquelle un retraité a fermé la porte au nez de deux cambrioleurs maladroits. L'élégance et la simplicité du geste en font une belle anecdote. Nous entendons souvent parler des agressions, moins souvent hélas des agressions qui échouent grâce au sang-froid de ceux qui n'entendent pas être des victimes. Voilà une statistique, malheureusement incalculable, à diffuser pour démontrer la résilience d'une société.

Si se défendre constitue le B.A.-BA de la sécurité personnelle, qu'en est-il de la sécurité des autres ? Malgré le déni, il existe, heureusement, de nombreuses personnes venant en aide à de parfaits inconnus. Nous en avons tous rencontré et leur présence est également visible sur Internet – comme un rappel utile.

Je me souviens avoir été impressionné par des images diffusées à la télévision au journal de 20 heures. À Séoul (Corée du Sud), un enfant en bas âge échappe à l'attention de sa mère quelques instants, s'avance vers le bord du quai du métro et chute. En l'espace d'un instant, du quai opposé, un étudiant s'élance pour secourir l'enfant, traverse les voies en deux sauts et sauve l'enfant au risque d'être renversé par deux métros. Ces images ont fait le tour du monde et ont même été utilisées dans une publicité par la suite ; l'étudiant a, quant à lui, été décoré pour sa bravoure.

À Londres, en avril 2011, alors que quatre individus casqués équipés de pioches et venus à scooter essayent, de jour, de cambrioler une bijouterie, une grand-mère héroïque (la presse l'a appelée *supergran*,

« super-mamie ») arrive le plus vite possible et assène des coups de cabas sur les cambrioleurs, qui tentent alors de prendre la fuite avant d'être maîtrisés par la foule. Là encore, les images ont fait le tour du monde. Les voleurs ont écopé collectivement de vingt-six ans de réclusion[9].

À Londres, en mai 2013, deux terroristes attaquent et mutilent à mort à l'arme blanche le soldat Lee Rigby dans une rue d'une banlieue de Londres. Alors que les deux hommes restent sur les lieux et scandent leurs improbables justifications, une femme d'origine française décide de leur faire face et répond à leur harangue, allant même jusqu'à leur demander de rendre leurs armes. Par cette action, elle fixe les deux protagonistes sur place et permet à la police d'arriver et d'intervenir. Les deux hommes sont lourdement condamnés, l'un à quarante-cinq ans de prison, l'autre à perpétuité.

Pologne, avril 2014 : un agent de sécurité aéroportuaire devient la star éphémère d'Internet après un plongeon de près de trois

---

9. « "Supergran" robbery gang jailed for 26 years », *Northampton Chronicle & Echo*, 24 avril 2011.

mètres pour attraper un bébé qui allait tomber d'une table. Le bébé, assis sur le blouson de son père, a perdu l'équilibre lorsque le père a ramassé le blouson. L'enfant a été remis dans les bras de sa mère et l'histoire ne raconte pas la discussion qui a suivi entre les deux parents…

Les exemples sont, heureusement, nombreux, quasi infinis. L'usage consacre à ces citoyens attentifs le terme de « héros ordinaires » ; pour nous, ce sont des citoyens, au sens propre du terme. Nous ne pouvons que déplorer la fin d'émissions comme la Nuit des Héros, qui célébraient le sens du bien-être d'autrui.

Actualités obligent, dans un contexte où l'insécurité est sur toutes les lèvres la couverture médiatique revient principalement aux commerçants qui se défendent contre les hold-up ou les cambriolages. Nous passerons, pour des raisons d'espace, sur les dispositifs mis en place par les commerçants pour empêcher ces atteintes. À la place, nous nous attarderons sur les actes de courage. Ainsi, en dépit du « droit de retrait » (qui suppose un danger imminent), nous voyons des employés comme des petits commerçants intervenir directement.

Une supérette s'est récemment fait attaquer par deux hommes armés, le caissier, praticien d'arts martiaux, a, tour à tour, neutralisé les deux hommes. Cette histoire rappelle également celle arrivée en mai 2014 en Loire-Atlantique, lorsqu'un voleur armé d'un couteau a menacé le caissier. Ce dernier, praticien de boxe thaïlandaise, l'a maîtrisé jusqu'à l'arrivée de la police.

En décembre 2013, une boulangère de Saint-Maur-des-Fossés chasse un voleur qui la menaçait d'une arme. Le voleur entré directement pour prendre la caisse a sorti un pistolet ; la commerçante part dans l'arrière-boutique, en revient avec un balai et assène des coups au voleur. Ce dernier prend la fuite en chancelant, alors que le fleuriste voisin, venu pour aider la boulangère, ouvre la porte de la boulangerie.

Mars 2014 : excédée par les nombreux cambriolages (cinq) dont son salon de beauté, à Lomme, a été victime, la gérante décide qu'il n'y aura pas de sixième fois. Comme les cambriolages ont lieu à intervalles réguliers, elle décide avec son mari de se mettre en planque. Si la première nuit de veille se déroule sans incident, durant la seconde, les cambrioleurs frappent à nouveau. La gérante et son mari tentent de s'interposer, les voleurs prennent la fuite avec leur butin. L'enquête est confiée à la sûreté urbaine de Lille.

Tout comme pour les actes de bravoure de citoyens envers autrui, les exemples se répètent presque à l'infini. Ces faits divers sont cités au hasard de mes souvenirs, il y en a tant d'autres, mais pour une raison ou une autre, ils sont restés dans ma mémoire.

### *Le phénomène des super-héros*

Historiquement né au Mexique mais popularisé aux États-Unis, le mouvement des *real life superheroes* (RLSH) s'implante lentement en France. Civils le jour, super-héros la nuit, voici des citoyens ordinaires fiers de leur double vie, terme qui, pour une fois, ne reçoit pas une connotation péjorative.

Aux États-Unis le Rain City Superhero Movement (fondé en juillet 2013 et dissous en mai 2014) réunissait jusqu'à une vingtaine de membres. Inspiré des *comics* et d'une tradition volontiers plus volontariste en matière de sécurité individuelle ou collective, le mouvement s'est solidifié à la suite de films comme

*Kick-Ass*. Aux États-Unis, il n'est pas rare de les voir patrouiller armés (armes blanches) puisque la législation le permet mieux. Les super-héros américains se sont targués d'un bilan assez impressionnant, néanmoins leur action a aussi fait l'objet de controverses sur l'usage de la force et les relations avec la police ont été souvent difficiles (caractérisées notamment par l'arrestation de plusieurs de leurs membres).

En France les RLSH se réunissent sous la bannière des Défenseurs de France, on en trouve également au Royaume-Uni et dans d'autres pays européens.

Ces hommes et ces femmes masqués adaptent leurs actions selon les cultures dans lesquelles ils vivent. En France, ils concentrent leurs actions auprès des SDF à qui ils prêtent une oreille attentive, donnent de l'eau et/ou des barres énergisantes. Dans un pays comme dans l'autre, ils n'hésitent pas à intervenir pour aider leur prochain contre une agression.

Loin d'être un phénomène anecdotique, les RLSH endossent la responsabilité d'intervenir dans une société où la croyance populaire n'accorde plus la même confiance en l'État et dans les forces de l'ordre. Dans les entretiens accordés aux médias français qui se sont penchés sur eux ou sur leur site internet, il apparaît que le discours des RLSH est apolitique au sens partisan du terme : ni gauche, ni droite, ni centre, ni extrême. Un discours soucieux d'être le fil qui recoud le tissu social. En revanche, leur discours est fondamentalement politique au sens où il intéresse l'ensemble de la cité et permet de s'interroger sur ce qu'il convient de faire face à la violence et à la misère. En ceci donc, il n'y a rien d'anecdotique.

Si la forme extérieure (les tenues, les masques, les surnoms) s'inscrit dans l'imaginaire des *comics* américains, elle construit également du symbole, des figures reconnaissables que l'on ne peut confondre avec les forces de l'ordre (dont l'usurpation de fonctions est un délit). Il conviendra de voir avec le temps comment les RLSH français trouveront leur point d'équilibre avec les autorités nationales.

Pour l'heure, les Défenseurs de France, tels que Citizen French, Blue Smash, L'Arpenteur ou Avalon pour ne citer qu'eux, opèrent dans les rues de Paris, de Valenciennes et d'autres villes, mais leur mouvement est ouvert à celles et ceux qui voudraient les rejoindre.

Il faut espérer voir prochainement un RLSH conduire en tenue de Batman un délinquant en prison ou encore voir des policiers discuter avec un « ninja » patrouillant la campagne. Ces deux situations se sont déroulées au Royaume-Uni, la première dans le Yorkshire en 2013, la seconde à Yeovil en 2011 ; notons que dans le premier cas la personne était habillée en Batman pour d'autres circonstances, mais l'occurrence a renforcé la visibilité des RLSH dans l'imaginaire collectif.

*L'autodéfense au goût du jour*

Il en va des arts martiaux, des sports de combat et de l'autodéfense comme des modes. De nos jours, le krav-maga et le *mixed martial art* sont à la mode, comme le karaté et le *full contact* l'étaient il y a vingt ans. Au-delà des phénomènes de modes internes aux arts martiaux au sens large du terme, nous assistons aujourd'hui à une popularisation de ces disciplines dans l'ensemble de la société. S'il n'existe pas de statistiques raisonnées sur l'ensemble des praticiens toutes disciplines confondues, il existe d'autres indicateurs. Au premier chef, nous constatons que la presse féminine consacre depuis quelques années de nombreux articles aux sports de combat (boxe, etc.), aux disciplines affiliées (taïso de judo) ou aux entraînements intenses (*boot camps*).

Un second indicateur est la multiplication des disciplines. Portés par les courants de revitalisation du patrimoine historique, nous voyons apparaître, réapparaître ou s'inventer (*sic*) des « arts traditionnels », qu'ils soient spécifiquement de combat (arts martiaux historiques européens) ou d'inspiration martiale (danses de combat). Indépendamment des séries télévisuelles et des films, de plus en plus d'émissions à mi-chemin entre le documentaire et la téléréalité mettent en scène des praticiens d'arts martiaux, des survivalistes ou des apprentis soldats. Alors que la société dans son ensemble se détourne des questions de sécurité, une frange croissante s'y intéresse et se professionnalise de plus en plus.

Être en mesure d'assurer seul sa propre protection ou celle de ses proches apparaît, à tort ou à raison, comme un besoin croissant. Paradoxalement, le climat anxiogène qui règne actuellement dans le pays fait plus pour remettre sur le chemin de la citoyenneté que ce que l'instruction civique n'a jamais réussi à faire !

En réaction à ce climat anxiogène, et c'est le troisième indicateur, il est facile de voir combien se multiplient les accessoires disponibles pour l'autodéfense (au sens large). Qu'il s'agisse de sites internet, de vente par correspondance, de bricolage ou de magasins traditionnels, « l'offre » sécuritaire est en constante augmentation. Portes et fenêtres blindées, applications pour téléphone, bombes lacrymogènes, etc. sont en demande constante. Dans le domaine des armes à feu, la polémique autour du Liberator (pistolet à un coup imprimé en 3D) a montré l'aisance relative qu'il y a à s'armer ; en Inde, à la suite des affaires de viol qui ont eu un écho jusqu'en France, un armurier a pour projet de construire un « revolver pour femmes ». En France, à l'initiative du gouvernement, ce sont des téléphones expérimentaux qui ont été distribués en Seine-Saint-Denis et dans la couronne parisienne pour lutter contre la violence domestique.

Qu'il s'agisse de la déclaration du procureur citée en tête de ce livre ou des téléphones pour femmes, le message du gouvernement est, à demi-mots : « Défendez-vous. »

*Du droit naturel au droit, la respon- sabilisation*

En tant que particules irréductibles de la société, nous sommes, nous les individus, la base du fondement juridique. Les droits de l'homme et du citoyen sont bien cela : les droits de l'individu. De l'ONU jusqu'à la Constitution française, il existe un ensemble de droits, dits naturels, qui existent par-delà le cadre juridique de la nation. Ces droits sont consubstantiels à la personne ; ils sont le pendant juridique au fait d'être vivant. Parmi ces droits, inaliénables et imprescriptibles, se trouvent le droit à « la sûreté » et la « résistance à l'oppression » (art. 2 de la Déclaration des droits de l'homme et du citoyen de 1789).

Les articles de loi qui régissent l'action de l'individu dans sa sécurité sont la traduction en droit positif du droit naturel. On pourrait y inclure, non sans une certaine ironie, la Charte de l'environnement de

2004 qui stipule que « chacun a le droit de vivre dans un environnement équilibré et respectueux de sa santé » (art. 1$^{er}$). Il faudrait bien sûr faire le lien entre le fait de prendre des coups et l'atteinte à la santé… Mais pour rester un minimum sérieux, contentons-nous rapidement d'énumérer les articles qui régissent l'action citoyenne (ils seront détaillés en annexe en fin de livre).

La légitime défense est régie par les articles 122-5 et 122-6 du code pénal ; le droit d'appréhension (toute personne a pouvoir pour arrêter l'auteur d'une infraction) est régi par l'article 73 ; l'obligation d'assistance et de secours est définie par l'article 223-6 ; l'obligation d'intervenir en cas de sinistre est définie par l'article 223-7 ; la mise en danger d'autrui est définie par l'article 223-1 ; la définition du flagrant délit est donnée à l'article 53. Les articles 222-7, 222-9, 222-10, 222-11, 222-14-3, 222-19, 222-22, 311.1, 311.12, 111.1 notamment, définissent les atteintes à l'intégrité physique, le vol, les infractions au code pénal. Enfin, la propriété est, notamment, définie par les articles 544 et 537 du code civil et l'article 17 de la Déclaration des

droits de l'homme et du citoyen de 1789.
En ce qui concerne les contrôles d'identité,
aucune loi n'interdit de demander une
présentation des papiers (tout le monde
est libre de refuser). Un commerçant peut,
lors d'un paiement par chèque, demander
un justificatif d'identité (loi du 3 janvier
1972). On le voit donc, l'arsenal juridique
à la disposition de l'individu est vaste.
Nous pouvons légalement non seulement
nous défendre, mais également arrêter des
malfaiteurs (à condition de les remettre à
la police immédiatement).

Nous évoquions précédemment de façon
un peu abstraite le contrat social, le voici
désormais sous une forme plus concrète.

## La communauté

À l'échelle de la communauté, le rôle
de l'individu disparaît naturellement.
Néanmoins, parler directement de ce qui
se passe au niveau de la communauté sans
parler préalablement de l'individu tend à
donner une idée fausse, impersonnelle,
de ce qu'est la communauté. Dans les
sections qui suivent, il sera nécessaire
de garder en tête que chacune des actions

collectives est faite par des personnes disposant des droits et des obligations précédemment cités. Tout cela se cumule !

Guardian angels *et travailleurs sociaux*

Dès lors que l'action de la puissance publique semble insuffisante ou inadaptée, la communauté a tendance à prendre le relais. Ce phénomène est particulièrement visible dans les domaines connexes de la sécurité. Le cas des fugues, des disparitions d'enfants et des personnes disparues est, à ce titre, tout à fait intéressant.

Si l'implication de la puissance publique est largement documentée dans le cas des disparitions d'enfants (notamment en France avec le dispositif « alerte enlèvement »), cette dernière relève, outre son aspect policier, d'un travail de *community policing* où les membres de la communauté (notamment les automobilistes) sont invités à être vigilants.

Dans le cadre des fugues, où un doute peut exister sur un enlèvement, la puissance publique demeure naturellement mobilisée. Néanmoins, on observe une plus grande participation de la communauté, avec de nombreuses associations, des services bénévoles que peuvent joindre les fugueurs, etc. Aux États-Unis, où le problème de la fugue fait l'objet d'une mobilisation sociale plus importante qu'ailleurs, les dispositifs sont encore plus élaborés. Ainsi en va-t-il des programmes *Block Parent* ou *National Safe Place*, réseaux de centres d'accueil pour les fugueurs où ces derniers peuvent recevoir un logis temporaire, des repas, et surtout un suivi psychologique.

Une étape encore au-delà touche les personnes adultes disparues, qui, depuis peu, sont désormais du ressort des agents de recherche privés (les « détectives privés »). En effet, en l'absence d'un doute légitime de la part de la police, cette dernière estime désormais qu'un adulte disparu est avant tout un adulte libre de ne pas vouloir donner de nouvelles.

Ainsi donc, dans un domaine où il est possible d'établir une gradation sécuritaire (de l'enlèvement jusqu'à la simple liberté d'aller et venir), la communauté prend une part grandissante à sa sécurité.

Si cette implication graduelle semble avant tout ressortir aux mécanismes juridiques en place, elle peut également prendre une dimension visible et immédiate. En 1979, aux États-Unis, une ONG, les Guardian Angels, a vu le jour afin d'aider à la sécurité des quartiers difficiles. Les bénévoles de l'association, désarmés, patrouillent les rues et accompagnent les résidents vulnérables (seniors, femmes seules) lors de leurs déplacements. En outre, ils procèdent à des actions de sensibilisation dans les écoles et prodiguent des formations. Ces « anges gardiens » se rendent visibles à l'aide d'uniformes et sont entre autres formés aux premiers soins, aux arts martiaux et à la médiation. Connaissant des fortunes diverses, l'association a désormais des chapitres en Angleterre, en Italie, au Japon et au Canada. Il existe, par ailleurs, en Italie et en Bosnie-Herzégovine une autre association, les City Angels, dont les missions sont assez identiques.

Bien que connues des services de police, ces ONG travaillent indépendamment des services. Elles informent la police d'activités criminelles afin que cette dernière puisse prendre le relais. Néanmoins, elles conduisent leurs actions seules, informant la police de leurs patrouilles par sens civique (et par utilité) plutôt que par obligation envers cette dernière.

*Les citoyens battent le pavé...*

En fait, dès qu'un problème de sécurité se pose durablement, la communauté s'active aussitôt. Cette dimension, bien que couverte ponctuellement par les médias, n'attire toutefois pas le regard extérieur. Il en résulte alors qu'un important maillon de la chaîne de la sécurité en vient à disparaître dans la conscience des gens, isolant, d'une part, l'individu face à l'insécurité, et rendant, d'autre part, d'autant plus notable l'émergence de mouvements d'autodéfense (dont nous parlerons ci-après).

Au cours des derniers mois et années, de nombreuses initiatives ont été prises par des habitants excédés à l'encontre des dealers. Ces actions ont reçu une attention médiatique marquée. À Nanterre (2013), les occupants d'un immeuble se sont installés dans les cages d'escalier, avec pour effet de décourager la clientèle des trafiquants. Une initiative identique a eu lieu à Wazemmes (dans la banlieue de Lille), la même année, avec les mêmes conséquences. À Rennes (2013), la méthode a été un peu différente, les habitants faisant pression sur l'office HLM en refusant de payer leurs charges. À Saint-Ouen (2013), c'est l'office HLM, à la demande des résidents, qui a érigé un mur pour transformer une ruelle en impasse afin de réduire le passage et déplacer les trafics.

Ces actions simples sont à mettre en parallèle avec les manifestations passives qui sont conduites par les riverains pour dénoncer l'insécurité ou l'inquiétude. Ainsi, à Paris (2012), dans le 10e arrondissement, la communauté est descendue dans la rue pour exprimer publiquement son ras-le-bol. À Strasbourg (2014), une manifestation pacifique contre le jihad s'est tenue face à la crainte de voir d'autres enfants partir en Syrie. Dans la couronne parisienne, ce sont les clients de la SNCF qui ont manifesté contre l'insécurité sur la ligne du RER B.

En plus de ces actions, il faut compter les campagnes de dénonciation qui peuvent avoir lieu. Ainsi, à Bordeaux, l'initiative « deal safari » a visé à dénoncer les dealers de la rue sur Facebook. Cette « chasse aux dealers » a donné lieu à quelques épisodes tendus, avec notamment des menaces de mort pour l'initiateur du « safari ». À Villeneuve-d'Ascq, une version moins technologique a été mise en œuvre avec l'affichage de photographies de présumés voleurs vus dans les environs. Dans les deux cas, ces « campagnes de sensibilisation » ont été mal reçues par les autorités, en raison, notamment, du risque de dénonciation d'une personne non coupable. Néanmoins, ces campagnes attestent de la volonté de la population de trouver des solutions lorsque la puissance publique semble prise en défaut.

### Mouvements d'autodéfense

Dans ces circonstances, il n'est pas étonnant de voir émerger de réels groupes d'autodéfense. Ces mouvements peuvent être spontanés, durables, thématiques, politiques ou motivés pour d'autres raisons encore. Ils ont comme point commun de vouloir activement intervenir afin d'assurer la sécurité d'une zone ou de certaines personnes.

Au Royaume-Uni (2011), alors que les émeutes se répandaient dans Londres avec, à leurs suites, leurs lots de pilleurs, de nombreuses communautés se sont spontanément réunies pour défendre tantôt une rue, tantôt un monument public. La « *Enfield Army* », pour reprendre le nom que la presse lui a donné, était moins une « armée » que des groupes disparates, souvent opposés, géographiquement cantonnés pour se défendre.

En France, les phénomènes de « milices » comme on les appelle défavorablement sont peu fréquents – et fort médiatisés. Au cours des dernières années, c'est dans la petite commune de Roissy-en-Brie que la dernière s'est constituée. Éphémère – voire ne dépassant pas le stade du projet, les versions diffèrent – elle a réuni des voisins qui souhaitaient s'assurer le calme dans leur quartier.

Ces mouvements éphémères tranchent avec la volonté affichée d'autres mouvements souhaitant s'inscrire dans la durée afin, d'une part, d'assurer une protection continue et, d'autre part, de marquer les esprits. Afin de lutter contre les viols en Inde, l'association des Red Shirts (« chemises rouges ») s'est formée en mettant l'accent sur une protection effective des femmes.

Dans un contexte politique fort différent, la France commence à voir apparaître des groupes d'autodéfense qui s'inscrivent dans un cadre régionaliste ; les « identitaires ». Dernièrement, un groupe identitaire est descendu dans le métro lillois pour afficher sa présence ; une initiative comparable portée par le mouvement Nissa Rebella avait déjà eu lieu, il y a quelques années à Nice, avec en plus une distribution de tracts.

*Défaillance majeure de l'État*

Que l'on soit pour ou contre les mouvements d'autodéfense en France ou ailleurs, il convient avant tout de savoir les replacer dans le contexte dans lequel ils opèrent : 1) un État de droit avec une puissance publique (forces de l'ordre) agissante contre l'insécurité et 2) en patrouillant désarmés.

L'emploi du mot « milice », dérivé du latin *miles* (« soldat »), ne convient donc pas réellement à ces mouvements. S'ils peuvent pointer du doigt des défaillances temporaires de l'État ou s'inscrire dans le prolongement de l'action publique, ils ne revendiquent pas une capacité à le remplacer.

Le problème, à ce jour, réside moins dans l'action de ces groupes que dans la sémantique. Le terme « milice » dans l'histoire récente évoque évidemment la collaboration entre l'occupant allemand durant la Deuxième Guerre mondiale et les Français du régime de Vichy.

Le terme « milice » pour qualifier les groupes d'autodéfense est donc doublement impropre puisqu'il ne décrit ni leur activité ni leur histoire. Comme nous le verrons dans la conclusion, nombreux sont les mouvements dans l'Hexagone qui progressivement incluent une dimension martiale et que bien peu qualifieraient de « milices ». Dans ce contexte, il semble que la critique vis-à-vis de ces mouvements provienne plus d'une lecture politique spécifique que d'une remise en question du principe même.

À titre de contre-exemple, il suffit de regarder l'action que conduisent les « milices » dans les pays où l'État n'est, effectivement, pas en mesure d'assurer la protection de la population de manière satisfaisante et durable.

Au Mexique, face à la puissance des cartels de la drogue et compte tenu des difficultés de la police, une « police communautaire » s'est formée dans l'État du Guerrero. Cette « police », lourdement armée, patrouille dans les rues, procède à des arrestations et livre les suspects à la police locale. Dans l'État du Michoacán, d'autres mouvements de vigiles, également armés, se sont directement attaqués au cartel des Knight Templars. L'action des vigiles dans le temps a été telle qu'ils patrouillent désormais avec la police et l'armée. En Bolivie (2012), pour faire face à la montée des *cogoteros* (« étrangleurs »), des tracts circulant dans les rues de la ville d'El Alto ont été distribués pour organiser une résistance armée. Enfin, au Nigeria, des vigiles se sont réunis dans la ville de Maidoguri pour faire face aux terroristes islamistes du mouvement Boko Haram. Une initiative favorablement reçue par l'armée.

Dans ce type de contextes, il n'est pas surprenant de voir émerger des groupes armés pour défendre leurs communautés, néanmoins nous sommes bien loin de circonstances comparables à celles en France ou en Europe.

## La communauté et la force publique

Le *community policing* manque d'une tradition adéquate en français. Il recouvre l'ensemble des actions organisées par la police en lien avec la communauté. Ces dernières couvrent un large spectre, allant des « polices communautaires » (la police indigène des réserves amérindiennes par exemple) au simple accompagnement d'une patrouille de police durant sa ronde (les *ride-along*). Bien entendu, le terme recouvre également l'ensemble des actions qui impliquent la coopération/participation de la population à l'action de la police.

*Le volontariat : les non-fonction-naires essentiels*

Au premier chef, la base de la participation est le volontariat. Compte tenu du moindre rôle du *community policing* en France, il nous paraît nécessaire d'en élargir légèrement le cadre. Un premier exemple vient immédiatement en tête, le cas des sapeurs-pompiers volontaires (SPV). Comme leur nom l'indique, les pompiers volontaires sont des hommes et des femmes qui exercent par ailleurs une autre profession mais qui interviennent dès qu'il en est besoin. En France, 80 % des pompiers sont volontaires, 15 % sont des professionnels et 5 % des militaires (à Paris et à Marseille). Un bel exemple de

« secours populaire » si l'on devait oser le jeu de mots !

En matière de police, la question du volontariat se pose en des termes différents. En France, notamment, les auxiliaires de police ont longtemps été connues par leur surnom de « contractuelles » eu égard à leur statut. En effet, ces femmes, qui assuraient la surveillance à la sortie des écoles, n'étaient pas des fonctionnaires de police (jusqu'en 1987, le terme est néanmoins resté[10]). Néanmoins, on retrouve le terme de « policier volontaire » en Belgique, où en 2012, Philip Pirard, chef de corps de la police de Hasselt, a proposé d'avoir recours à des policiers volontaires pour pallier le manque d'effectifs. À l'avenir, en France, une pareille proposition pourrait voir le jour.

Pour l'heure, la police ouvre ses portes, dans le cadre des emplois jeunes de 1997, aux futurs adjoints de sécurité (ADS) – environ 11 000 postes sont ainsi actuellement pourvus, en hausse constante. Dans la perspective qui nous intéresse, nous pouvons regarder cette initiative comme

---

10. On notera que la culture populaire confond les « contractuelles » avec les « aubergines », qui, elles, mettaient des PV…

une forme de *community policing*. En effet, la durée maximale de service d'un ADS est de six ans (trois ans renouvelables), à l'issue desquels l'adjoint de sécurité quitte la police ou passe le concours interne pour devenir gardien de la paix. Ceux qui ne passent pas le concours réintègrent donc la « vie civile », créant un lien fort entre la police et la communauté.

Enfin, il existe une dernière catégorie de « volontariat ». Les guillemets sont de mise en raison du faible niveau de volontariat. Ce sont les indics – qui ne sont pas toujours vraiment volontaires. Néanmoins, faute d'une catégorie « Police – Milieu » dans le plan de cet ouvrage, citons ici cet autre exemple d'une personne non policière dont l'action est déterminante pour le travail de la police, comme celle des volontaires. Aux États-Unis, le statut des indics se pose encore en d'autres termes, avec le débat sur la rémunération des indics.

*Quel lien entre la police et la population ?*

En allant plus avant dans l'imbrication entre les forces de l'ordre et la population, nous entrons de plain-pied dans le *community policing stricto sensu.* Cette coopération (au sens propre du terme) entre la population et la police relève en France des missions de prévention et de communication de la préfecture. En intervenant dans les écoles ou auprès des associations, la police tisse un lien avec la population ; le terme « police de proximité » vient naturellement à l'esprit.

Si en France nous sommes encore loin des stages policiers pour collégiens ou lycéens ou de la lutte contre les gangs (GREAT[11] aux États-Unis), la police intervient néanmoins dans les écoles pour informer les élèves. Pareillement, elle intervient auprès des associations de riverains pour assurer une liaison et prendre note des doléances. Toutefois, à l'heure actuelle, il n'existe pas de dispositif comparable au *pubwatch* britannique, l'équivalent de l'initiative Voisins Vigilants appliquée aux pubs…

En revanche, longtemps décriée, l'initiative Voisins Vigilants (un dispositif d'alerte de voisinage en cas de trouble avec une liaison directe avec la police

---

11. GREAT : *Gang Resistance Education and Training*.

pour information et prévention) se répand progressivement dans le territoire. Il s'agit d'une conséquence directe de l'augmentation du taux de cambriolages et de la montée du sentiment d'insécurité. Contrairement aux États-Unis, les « voisins vigilants » ne patrouillent pas encore dans les rues, ni ne prennent en filature des suspects ; cette évolution serait susceptible de voir le jour si la situation continuait à être perçue comme se dégradant.

Au travers de ces exemples, se dessine en filigrane une architecture de la sécurité dans laquelle la population (re)trouve une place plus importante dans sa sécurité. Loin d'être passive, elle participe, à son échelle, aux missions de sécurité. L'exemple de la défense nationale est, à ce titre, intéressant à étudier. En effet, si la distinction entre civil et militaire revêt une importance majeure, il n'en demeure pas moins qu'il existe une volonté forte de maintenir et même d'accroître le « lien armée-nation » (il n'y a pas de terme équivalent pour la police), afin que toujours l'armée reçoive l'assentiment et le soutien de la nation en cas de conflit. Ce lien est par ailleurs renforcé par la présence de réservistes au sein des armées (la réserve opérationnelle) et de réservistes plus occasionnels (la réserve citoyenne). Il existe également une réserve policière en France mais son manque de visibilité montre la distance qu'il reste encore à franchir pour établir un réel *community policing* dans le pays.

*Assistance de la population*

Paradoxalement et en aboutissement de la logique du *community policing* il arrive parfois que la population « soit » la police. Plus haut dans cet ouvrage nous avons mis l'accent sur la notion de volontariat comme essentielle à la bonne exécution du travail de la police, mais nous avons volontairement omis un rôle pour l'évoquer ici. Il s'agit du rôle du témoin. Certes, le témoin n'intervient pas directement dans l'arrestation de malfaiteurs, mais sans témoin la mission policière devient presque impossible.

Que dire alors lorsqu'il s'agit de mobiliser toute une chaîne de témoins ? Ou lorsqu'il s'agit de mobiliser toute une population ? La question se pose désormais aux Pays-Bas et de façon anecdotique aux États-Unis. Le Burgernet (réseau citoyen) instauré depuis 2004 aux Pays-

Bas permet aux citoyens d'être les yeux et les oreilles de la police. Avec environ 8,5 % de la population inscrite dans le réseau, la communication entre la police et la population est efficace au point de résoudre 70 % des affaires de disparitions en une heure et demie en moyenne. Une initiative similaire dans l'esprit sinon la forme et l'étendue a été prise aux États-Unis dans le comté de Broward en Floride. Là, le shérif a fait appel à la population entière du comté via le site de Facebook pour l'aider à résoudre avec succès un certain nombre d'affaires.

Ces appels en masse à la population dépassent désormais le seul cadre du ministère de l'Intérieur ou de la préfecture (ou son équivalent). En effet, en vertu de leur mandat, nous voyons désormais çà et là des maires en appeler directement à la population pour des missions de sécurité au sens large du terme. Ainsi, dans la commune de Montévrain (2013), le maire de la ville a lancé, avec succès, un appel à la population sur Facebook pour qu'elle vienne interdire l'occupation d'un terrain par des Roms. À Magnac-Lavellette-Villars (2014), à la suite d'une tentative de cambriolage ratée contre un couple de retraités, le maire a proposé d'« armer » la population de bombes lacrymogènes afin que chacun soit en mesure de se défendre. Une proposition qui n'a pas été au goût de la préfecture, mais qui illustre le désir croissant d'autonomie et la recherche de moyens des mairies en matière de sécurité (à ce titre, l'ensemble du conseil municipal d'une petite commune a baissé son salaire afin de pouvoir recruter un agent de sécurité).

## La communauté et le secteur privé

En parfait miroir du *community policing* se trouve la « pâquisation », le point de recouvrement entre la communauté et le secteur privé. Toutefois, si la symétrie intellectuelle existe, dans les faits il s'agit réellement du « chaînon manquant » de la sécurité. En effet, alors que le secteur privé intervient très largement auprès des particuliers ou bien des entreprises, il intervient bien peu auprès de la « société civile » comprise comme un acteur autonome. Cette carence n'est, en fait, que peu surprenante, compte tenu de la vacuité institutionnelle et juridique du terme « société civile ». D'un point de vue juridique, la société civile n'existe pas, existent en revanche des associations au statut bien déterminé, des commerces aux statuts également déterminés. Une association peut regrouper un ensemble de commerces ou d'autres associations, mais cette dernière ne constituerait pas pour autant la « société civile ». Néanmoins, malgré le flou qu'entretient cette expression, il est possible de distinguer certaines pistes de coopération accrue entre ces deux types d'acteurs.

### Le secteur privé

Le secteur privé recouvre trois grandes catégories : la protection des personnes et des biens (le gardiennage, les vigiles de supermarchés, les videurs de boîtes de nuit, le transport de fonds, etc.), la protection physique des personnes (gardes du corps) et la recherche privée (les détectives privés). Le secteur de la sécurité privée compte actuellement un peu moins de 200 000 agents et est en progression constante. En France, le secteur privé se place dans une logique de « coproduction de la sécurité[12] » avec

---

12. J'ai découvert la locution de « coproduction de sécurité » dans l'article de Jean-Marc LECLERC,

la puissance publique, prenant bien soin de ne pas concurrencer la police ou de ne pas s'arroger des fonctions policières.

Toutefois, il convient de rappeler que les acteurs du secteur privé disposent des mêmes droits que les particuliers (cf. *supra*) et, à la différence de la population au sens large, sont formés pour connaître et exercer leurs droits de façon efficace et complète. Les professionnels de la sécurité sont donc des gens ordinaires assez spécialisés.

### *Pâquis*

L'un des exemples les plus intéressants de la coopération entre secteur privé et population se trouve dans le quartier des Pâquis à Genève où les commerçants ont obtenu de pouvoir louer les activités d'une société de gardiennage pour qu'elle effectue des patrouilles la nuit sur la voie publique. Nous supposerons qu'il existe en Suisse un dispositif équivalent

---

« Dans la jungle des sociétés de surveillance », *Le Figaro*, 14 juin 2010, qui citait M. Claude Tarlet, président de l'Union des entreprises de sécurité privée (USP). Il suffit néanmoins d'introduire cette locution dans un moteur de recherche pour voir combien elle est répandue.

à la France qui stipule que les agents de sécurité privée ne peuvent être sur la voie publique que sur autorisation préfectorale. Dans ce contexte, cela voudrait dire que la puissance publique autorise une association *de jure* ou de fait à louer les services d'un prestataire privé pour assurer la sécurité sur la voie publique ; un processus que nous nommerons donc « pâquisation ».

L'histoire commence en octobre 2009 lorsque, las de l'insécurité et de la récidive, une vingtaine de commerçants se cotisent pour engager une société de sécurité privée à patrouiller dans la rue. Informée par les commerçants, la police obtient de suspendre l'initiative jusqu'à un arbitrage, dans un sens ou un autre. Les commerçants par la voix de leur porte-parole font savoir qu'ils souhaitent également prévenir l'émergence de groupes d'autodéfense qui ne feraient l'objet d'aucun contrôle. En novembre 2009, la réponse (au niveau fédéral) autorise les commerçants à engager une société du canton de Genève. Depuis, deux agents patrouillent dans les rues.

Cette décision a été fondée sur la notion de « concordat » qui existe en Suisse et qui régit les relations entre la force publique et les agences privées. Ainsi, les communes faisant appel à des sociétés de sécurité privée, y compris pour patrouiller la nuit sur la chaussée (commune de Thônex), le font dans ce cadre. Dans la pratique, les agents des Pâquis sont soumis aux mêmes restrictions que n'importe quel autre agent de sécurité, simplement ils peuvent faire leur travail dans la rue ; exactement de la même manière qu'un agent de sécurité agirait sous autorisation préfectorale en France.

La question a bien sûr suscité une interrogation au niveau politique. Dans l'ensemble, la réponse a été plutôt positive et si l'on regrette d'en arriver là, il s'agit d'une décision perçue comme nécessaire. La décision d'autorisation a été prise par un gouvernement socialiste et a reçu le soutien du Parti démocrate-chrétien, du Parti écologiste ou du Parti libéral. Seuls, les radicaux genevois et le Mouvement citoyen genevois se sont opposés à la décision.

*Vers la pâquisation des cités ?*
En France, il n'existe pas, à notre connaissance d'exemple identique.

Toutefois, nous rappellerons (cf. *supra*) que des arrangements un peu similaires ont eu lieu entre les résidents de certains immeubles, les offices HLM, le GPIS[13] (le service de sécurité) et la force publique, lorsque 1) les offices HLM expulsent des trafiquants et leurs familles des immeubles ; 2) lorsque les habitants refusent de payer leurs charges jusqu'à ce que les offices HLM prennent des mesures de sécurité ; 3) lorsque les offices HLM barrent des ruelles pour interdire l'accès à des trafiquants ; 4) enfin, lorsque la puissance publique autorise les concierges et gardiens d'immeubles à porter des tonfas[14]. Dans l'ensemble des cas, les offices HLM agissent comme interface entre la « communauté » et le secteur privé en charge de la sécurité.

---

13. GPIS : Groupement parisien interbailleurs de surveillance.
14. Une matraque à poignée perpendiculaire au bâton.

# CONCLUSION
## - LA SOCIÉTÉ
## QUE L'ON VEUT

En conclusion, il importe de s'interroger sur la société que l'on veut, celle dans laquelle on souhaite vivre. Ensuite, il convient de s'interroger sur la manière de la façonner. Nous espérons avoir clairement montré que vous et moi ne manquons pas de moyens pour prendre en main la juste part de notre sécurité. Cette interrogation est d'autant plus importante qu'elle s'inscrit dans le contexte d'une société durablement divisée qui tend actuellement à se radicaliser. Le discours politique, autrefois courtois, verse dans l'insulte facile ; on se détourne de l'État aussi rapidement qu'on se tournait autrefois vers lui. Les communes amorcent un bras de fer avec le pouvoir central pour obtenir des compétences régaliennes (immigration, sécurité accrue), les particuliers pratiquent la désobéissance fiscale pour contester les manquements (impôts locaux, charges patronales). Les Français ont élu pour mot de l'année 2013 « ras-le-bol ». Rarement un bon signe pour ceux que le général de Gaulle appelait des « veaux ».

## Le réarmement des segments

Dans un tel climat, il n'est pas surprenant de voir apparaître le réarmement des segments. Chacun à sa manière, chacun à son rythme, mais tous avancent dans la même direction. Crise économique oblige ou volonté de changer d'air, la randonnée devient à la mode, le scoutisme se requinque. Dans un cas comme dans l'autre, la tendance est à l'accroissement de l'autonomie de l'individu, à un retour aux sources, à l'acquisition de compétences de survie, même élémentaires. Chasse et pêche bientôt à la mode. Les familles recomposées et transgénérationnelles annoncent la résurgence des réseaux familiaux, d'une solidarité de proximité, du renouveau clanique. Des *cookistas* à Airbnb, une nouvelle entreprise de bouts de ficelle centrée sur la maison voit progressivement le jour. Aurais-je cru, il y a vingt ans, celui qui m'aurait dit que mon canapé miteux était un investissement au sens économique du terme ? L'individu, la famille, la maison, le retour aux fondamentaux, donc également à la logique de château. Nous avons bien peu, il faut donc le protéger encore plus âprement. Dehors, il fait froid, l'hiver des sociétés paraît. Las de la gauche ou de la droite, le temps des extrêmes. Les skins qui n'avaient jamais complètement disparu retrouvent leurs vieux adversaires soudains ressuscités du Black Block ; les cités s'interdisent et les malfrats territorialisent des barres HLM ; en ville les voies privées se multiplient, réponse du berger à la bergère. Les services d'ordre politiques et syndicaux n'ont pas de mal à justifier de n'avoir jamais disparu. Les commerces se barricadent et on arme maintenant les dabistes.

En toile de fond, la société française se divise plus profondément encore sur la question des communautés et du communautarisme. L'identité des terroirs répond au multiculturalisme,

deux tendances ethnopolitiques fondamentalement incompatibles. L'immigration est-elle soluble dans la
République ? La question est encore plus
prononcée quand l'unité géographique est
la région, historiquement, culturellement,
« ethniquement pure ». À chaque région
de France correspond désormais son
parti sessioniste, dont la taille importe
moins que la valeur symbolique. Est-ce
un hasard si parmi le *revival* des traditions
et arts régionaux se trouvent également
les formes martiales traditionnelles, de
la danse de combat aux arts martiaux
historiques européens ?

Le multiculturalisme n'est pas
qu'harmonieux non plus. Une écrasante
majorité des détenus en France est
d'origine africaine ou maghrébine ; le
recensement des bandes pointe volontiers
vers des bandes fondées sur l'appartenance
à une communauté spécifique, capverdiens,
pakistanais, roms, etc. Chaque population
de la mosaïque française à ses propres
voyous, le cas échéant, ses propres gros
bras. C'est souvent une simple question
de perspective. Les bandes s'affrontent
le plus souvent pour des raisons liées au
banditisme, mais aussi pour des raisons

ethniques. La diversité religieuse et le mix laïque/religieux ne se vivent pas non plus dans la plus grande des harmonies ; en témoignent les incidents interconfessionnels d'une part et les échanges musclés entre l'organisation féministe Femen (dont les militantes sont initiées à la *self-defense*) et le service d'ordre de l'organisation traditionaliste Civitas, d'autre part.

## La responsabilité individuelle

Et c'est ce qui nous ramène à l'individu et à la responsabilité individuelle. Que l'homme soit bon ou mauvais, je ne saurais le dire, mais je sais me préparer. Il y a dans l'individu quelque chose qui transcende les questions éthiques, l'unité ou la division républicaine. On dénonce l'individualisme contemporain alors que le problème est justement que la société s'est détournée de l'individu pour obéir à des intérêts de groupes qui nécessitent pour exister une adhésion exclusive. Qu'importe au final que la nation se sente unie ou divisée, l'individu est irréductible, par-delà les appartenances, fussent-elles grandes ou petites. En retombant sur l'individu et sa compétence, le ciment social peut à nouveau prendre. C'est en sachant que je peux compter sur un inconnu en cas de problème que ma confiance dans le contrat social peut se revigorer. Faites le test la prochaine fois que vous descendez dans la rue. À chaque personne que vous croiserez, dites-vous qu'elle vous viendra en aide si besoin était, dites-vous que chaque personne est consciente de son devoir de citoyen et vous verrez que la société peut être belle alors que chacun pourtant a la tête dans ses préoccupations quotidiennes. Comme le disent les *Marines* américains : *All we need are a few good men* (« Tout ce dont nous avons besoin c'est d'une poignée d'hommes bien »).

L'ironie dans tout cela est qu'au-delà de l'insécurité, nous vivons dans une société où la sécurité est partout ; rendue visible par la signalétique, la publicité, mille objets du quotidien conçus pour protéger, sécuriser. À tel point que nous ne les voyons pas et que nous les ignorons. De même que la bonne sécurité est celle qu'on ne remarque pas, la vraie sécurité est celle que nous exerçons inconsciemment, par la prudence, le bon sens et le sens de la responsabilité qui nous porte.

# ANNEXE : ARTICLES DE DROIT CITÉS DANS L'OUVRAGE

### Article 2, Déclaration des Droits de l'Homme et du Citoyen, 1789

Le but de toute association politique est la conservation des droits naturels et imprescriptibles de l'Homme. Ces droits sont la liberté, la propriété, la sûreté, et la résistance à l'oppression.

### Article 1, Charte de l'Environnement, 2005

Chacun a le droit de vivre dans un environnement équilibré et respectueux de la santé.

### Article 122-5, Code Pénal

N'est pas pénalement responsable la personne qui, devant une atteinte injustifiée envers elle-même ou autrui, accomplit, dans le même temps, un acte commandé par la nécessité de la légitime défense d'elle-même ou d'autrui, sauf s'il y a disproportion entre les moyens de défense employés et la gravité de l'atteinte.

N'est pas pénalement responsable la personne qui, pour interrompre l'exécution d'un crime ou d'un délit contre un bien, accomplit un acte de défense, autre qu'un homicide volontaire, lorsque cet acte est strictement nécessaire au but poursuivi dès lors que les moyens employés sont proportionnés à la gravité de l'infraction.

### Article 122-6, Code Pénal

Est présumé avoir agi en état de légitime défense celui qui accomplit l'acte :

1° Pour repousser, de nuit, l'entrée par effraction, violence ou ruse dans un lieu habité ;

2° Pour se défendre contre les auteurs de vols ou de pillages exécutés avec violence.

### Article 73, Code de Procédure Pénale

Dans les cas de crime flagrant ou de délit flagrant puni d'une peine d'emprisonnement, toute personne a qualité pour en appréhender l'auteur et le conduire devant l'officier de police judiciaire le plus proche.

Lorsque la personne est présentée devant l'officier de police judiciaire, son placement en garde à vue, lorsque les conditions de cette mesure prévues par le présent code sont réunies, n'est pas obligatoire dès lors qu'elle n'est pas tenue sous la contrainte de demeurer à la disposition des enquêteurs et qu'elle a été informée qu'elle peut à tout moment quitter les locaux de police ou de gendarmerie. Le présent alinéa n'est toutefois pas applicable si la personne a été conduite, sous contrainte, par la force publique devant l'officier de police judiciaire.

### Article 223-6, Code Pénal

Quiconque pouvant empêcher par son action immédiate, sans risque pour lui ou pour les tiers, soit un crime, soit un délit contre l'intégrité corporelle de la personne s'abstient volontairement de le faire est puni de cinq ans d'emprisonnement et de 75 000 euros d'amende.

Sera puni des mêmes peines quiconque s'abstient volontairement de porter à une personne en péril l'assistance que, sans risque pour lui ou pour les tiers, il pouvait lui prêter soit par son action personnelle, soit en provoquant un secours.

### Article 223-7, Code Pénal

Quiconque s'abstient volontairement de prendre ou de provoquer les mesures permettant, sans risque pour lui ou pour les tiers, de combattre un sinistre de nature à créer un danger pour la sécurité des personnes est puni de deux ans d'emprisonnement et de 30 000 euros d'amende.

### Article 223-1, Code Pénal

Le fait d'exposer directement autrui à un risque immédiat de mort ou de blessures de nature à entraîner une mutilation ou une infirmité permanente par la violation manifestement délibérée d'une obligation particulière de prudence ou de sécurité imposée par la loi ou le règlement est puni d'un an d'emprisonnement et de 15 000 euros d'amende.

### Article 53, Code de Procédure Pénale

Est qualifié crime ou délit flagrant le crime ou le délit qui se commet actuellement, ou qui vient de se commettre. Il y a aussi crime ou délit flagrant lorsque, dans un temps très voisin de l'action, la personne soupçonnée est poursuivie par la clameur publique, ou est trouvée en possession d'objets, ou présente des traces ou indices, laissant penser qu'elle a participé au crime ou au délit.

A la suite de la constatation d'un crime ou d'un délit flagrant, l'enquête menée sous le contrôle du procureur de la République dans les conditions prévues par le présent chapitre peut se poursuivre sans discontinuer pendant une durée de huit jours.

Lorsque des investigations nécessaires à la manifestation de la vérité pour un crime ou un délit puni d'une peine supérieure ou égale à cinq ans d'emprisonnement ne peuvent être différées, le procureur de la République peut décider la prolongation, dans les mêmes conditions, de l'enquête pour une durée maximale de huit jours.

### Article 222-7, Code Pénal

Les violences ayant entraîné la mort sans intention de la donner sont punies de quinze ans de réclusion criminelle.

### Article 222-9, Code Pénal

Les violences ayant entraîné une mutilation ou une infirmité permanente sont punies de dix ans d'emprisonnement et de 150 000 euros d'amende.

### Article 222-10, Code Pénal

L'infraction définie à l'article 222-9 est punie de quinze ans de réclusion criminelle lorsqu'elle est commise :

1° Sur un mineur de quinze ans ;

2° Sur une personne dont la particulière vulnérabilité, due à son âge, à une maladie, à une infirmité, à une déficience physique ou psychique ou à un état de grossesse, est apparente ou connue de son auteur ;

3° Sur un ascendant légitime ou naturel ou sur les père ou mère adoptifs ;

4° Sur un magistrat, un juré, un avocat, un officier public ou ministériel, un membre ou un agent de la Cour pénale internationale, un militaire de la gendarmerie nationale, un fonctionnaire de la police nationale, des douanes, de l'administration pénitentiaire ou toute autre personne dépositaire de l'autorité publique, un sapeur-pompier professionnel ou volontaire, un gardien assermenté d'immeubles ou de groupes d'immeubles ou un agent exerçant pour le compte d'un bailleur des fonctions de gardiennage ou de surveillance des immeubles à usage d'habitation en application de l'article L. 127-1 du code de la construction et de l'habitation, dans l'exercice ou du fait de ses fonctions, lorsque la qualité de la victime est apparente ou connue de l'auteur ;

4° bis Sur un enseignant ou tout membre des personnels travaillant dans les établissements d'enseignement scolaire, sur un agent d'un exploitant de réseau de transport public de voyageurs ou toute personne chargée d'une mission de service public, ainsi que sur un professionnel de santé, dans l'exercice ou du fait de ses fonctions, lorsque la qualité de la victime est apparente ou connue de l'auteur ;

4° ter Sur le conjoint, les ascendants ou les descendants en ligne directe ou sur toute autre personne vivant habituellement au domicile des personnes mentionnées aux 4° et 4° bis, en raison des fonctions exercées par ces dernières ;

5° Sur un témoin, une victime ou une partie civile, soit pour l'empêcher de dénoncer les faits, de porter plainte ou de déposer en justice, soit en raison de sa dénonciation ou de sa plainte, soit à cause de sa déposition devant une juridiction nationale ou devant la Cour pénale internationale ;

5° bis A raison de l'appartenance ou de la non-appartenance, vraie ou supposée, de la victime à une ethnie, une nation, une race ou une religion déterminée ;

5° ter A raison de l'orientation ou identité sexuelle de la victime ;

6° Par le conjoint ou le concubin de la victime ou le partenaire lié à la victime par un pacte civil de solidarité ;

6° bis Contre une personne afin de la contraindre à contracter un mariage ou à conclure une union ou en raison de son refus de contracter ce mariage ou cette union ;

7° Par une personne dépositaire de l'autorité publique ou chargée d'une mission de service public dans l'exercice ou à l'occasion de l'exercice de ses fonctions ou de sa mission ;

8° Par plusieurs personnes agissant en qualité d'auteur ou de complice ;

9° Avec préméditation ou avec guet-apens ;

10° Avec usage ou menace d'une arme.

La peine encourue est portée à vingt ans de réclusion criminelle lorsque l'infraction définie à l'article 222-9 est commise sur un mineur de quinze ans par un ascendant légitime, naturel ou adoptif ou par toute autre personne ayant autorité sur le mineur.

Les deux premiers alinéas de l'article 132-23 relatif à la période de sûreté sont applicables aux infractions prévues par le présent article.

### Article 222-11, Code Pénal

Les violences ayant entraîné une incapacité totale de travail pendant plus de huit jours sont punies de trois ans d'emprisonnement et de 45 000 euros d'amende.

### Article 222-14-3, Code Pénal

Les violences prévues par les dispositions de la présente section sont réprimées quelle que soit leur nature, y compris s'il s'agit de violences psychologiques.

### Article 222-19, Code Pénal

Le fait de causer à autrui, dans les conditions et selon les distinctions prévues à l'article 121-3, par maladresse, imprudence, inattention, négligence ou manquement à une obligation de prudence ou de sécurité imposée par la loi ou le règlement, une incapacité totale de travail pendant plus de trois mois est puni de deux ans d'emprisonnement et de 30 000 euros d'amende.

En cas de violation manifestement délibérée d'une obligation particulière de prudence ou de sécurité imposée par la loi ou le règlement, les peines encourues sont portées à trois ans d'emprisonnement et à 45 000 euros d'amende.

### Article 222-22, Code Pénal

Constitue une agression sexuelle toute atteinte sexuelle commise avec violence, contrainte, menace ou surprise.

Le viol et les autres agressions sexuelles sont constitués lorsqu'ils ont été imposés à la victime dans les circonstances prévues par la présente section, quelle que soit la nature des relations existant entre l'agresseur et sa victime, y compris s'ils sont unis par les liens du mariage.

Lorsque les agressions sexuelles sont commises à l'étranger contre un mineur par un Français ou par une personne résidant habituellement sur le territoire français, la loi française est applicable par dérogation au deuxième alinéa de l'article 113-6 et les dispositions de la seconde phrase de l'article 113-8 ne sont pas applicables.

### Article 311-1, Code Pénal

Le vol est la soustraction frauduleuse de la chose d'autrui.

### Article 311-12, Code Pénal

Ne peut donner lieu à des poursuites pénales le vol commis par une personne :

1° Au préjudice de son ascendant ou de son descendant ;

2° Au préjudice de son conjoint, sauf lorsque les époux sont séparés de corps ou autorisés à résider séparément.

Les dispositions du présent article ne sont pas applicables lorsque le vol porte sur des objets ou documents indispensables à la vie quotidienne de la victime, tels que des documents d'identité, relatifs au titre de séjour ou de résidence d'un étranger, ou des moyens de paiement.

### Article 111-1, Code Pénal

Les infractions pénales sont classées, suivant leur gravité, en crimes, délits et contraventions.

### Article 544, Code Civil

La propriété est le droit de jouir et disposer des choses de la manière la plus absolue, pourvu qu'on n'en fasse pas un usage prohibé par les lois ou par les règlements.

### Article 537, Code Civil

Les particuliers ont la libre disposition des biens qui leur appartiennent, sous les modifications établies par les lois.

Les biens qui n'appartiennent pas à des particuliers sont administrés et ne peuvent être aliénés que dans les formes et suivant les règles qui leur sont particulières.

### Article 17, Déclaration des Droits de l'Homme et du Citoyen

La propriété étant un droit inviolable et sacré, nul ne peut en être privé, si ce n'est lorsque la nécessité publique, légalement constatée, l'exige évidemment, et sous la condition d'une juste et préalable indemnité.

# TABLE
# DES MATIÈRES